AF244366

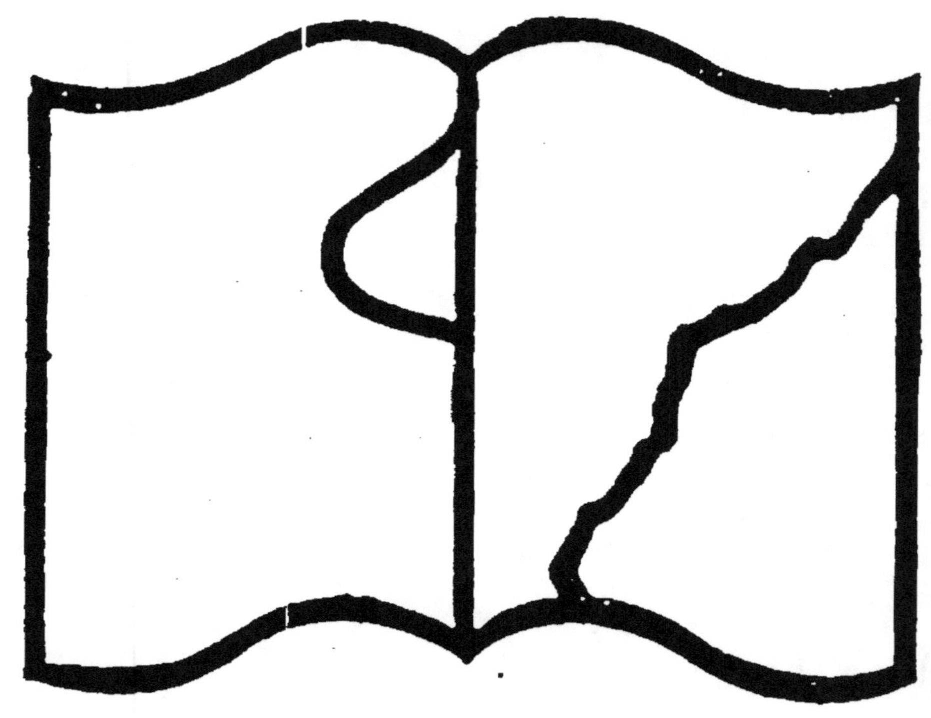

Texte détérioré — reliure défectueuse

NF Z 43-120-11

DE LA FA.

ET

DE SES ENNEMIS

PAR

Charles GARNIER

NIMES

IMPRIMERIE TYPOGRAPHIQUE LAFARE FRÈRES

1, place de la Couronne, 1

1895

DE LA FAMILLE

ET

DE SES ENNEMIS

PAR

Charles GARNIER

NIMES

IMPRIMERIE TYPOGRAPHIQUE LAFARE FRÈRES

1, place de la Couronne, 1

1895

A LA MÉMOIRE

DE MON AMI

CHARLES PAYAN D'AUGERY

DE LA FAMILLE

ET DE SES ENNEMIS

I

L serait peut-être exagéré de prétendre que la famille chrétienne et française s'en va ; mais elle est fortement attaquée, et déjà gravement atteinte. La guerre contre elle n'est point ouverte d'hier, mais elle est aujourd'hui menée avec de plus rapides succès. Nous vivons sur un vieux, très vieux fonds de forces résistantes, mais la résistance est sensiblement affaiblie, ce fonds ne se renouvelle pas, il se dépense, il s'épuise. L'observateur attentif s'inquiète, ses inquiétudes vont jusqu'à l'alarme.

Et cependant, que nous resterait-il, la famille détruite ou déchue ?

Tout a été dit ou sous entendu , de temps immémorial, sur la famille. Que pourrions-nous ajouter d'inédit ? C'est déjà un trop douloureux symptôme que l'on soit obligé d'insister sur l'importance et la dignité de la famille. La question de la famille est de celles qui devraient ne jamais être posées; l'institution est de celles que le sentiment universel devrait tenir hors conteste. Au milieu de tant de discussions oiseuses ou dangereuses qui occupent les gouvernants et les gouvernés, les législateurs et la presse, nous croyons pourtant opportun de dénoncer les ennemis de la famille et de dire à notre pauvre pays désorienté par la politique : sauvons au moins la famille, fondement de la société !

Nous sommes de ceux qui estiment que la famille est d'institution divine, qu'elle est antérieure à tous les autres groupes, qu'elle ne dépend pas de l'État, que l'État a de grands devoirs envers elle et des droits extrêmement restreints. On peut se représenter un ordre de choses d'où l'État serait absent, mais il n'y pas d'État sans familles. L'État est un protecteur des familles, non leur maître. La raison d'être de l'État, c'est l'existence de la famille d'abord, puis de la commune formée par les familles, ensuite de la province, groupement des communes, et enfin de la patrie, réunion des provinces, terre des pères, comme l'exprime le mot. L'État trouvant la famille constituée n'a pas de droits à lui concéder ou à lui dénier ; il n'a qu'à respecter et à faire respecter. Toute contestation des droits de la famille par l'État est une prétention à repousser ; toute restriction de ces droits, non exigée par l'ordre public et par la liberté des familles vis-à-vis les unes des autres, est une spoliation insupportable. La conception d'un État intervenant dans la famille autrement que pour y maintenir le règne de la paix entre ses membres est une conception fausse, et son application ne peut produire que la tyrannie. L'homme solitaire étant un non-sens et la famille étant contemporaine de l'humanité elle-même , comment l'État pourrait-il raisonnablement ne voir que celui-là, en tenant celle-ci pour non avenue ou pour secondaire, baser la protection d'un membre de la famille sur le mépris de la famille elle-même ?

C'est sous prétexte de l'intérêt de l'individualité que l'État surveille, moleste et souvent attaque le groupe. Le véritable motif de cette façon de procéder, c'est que l'État domine plus aisément les individus isolés que les individus groupés. On a brisé le moule des provinces pour substituer à une forte organisation régionale et historique des divisions géographiques arbitraires, et les départements ne sont pour l'État souverain que des mineurs. On a dépossédé les communes de leur autonomie pour les assujettir plus complètement à un pouvoir central ; mineures aussi sont les communes, et elles ne conservent plus vestiges de leurs anciennes franchises ; on ne leur laisse que la faculté de répartir entre les citoyens les charges fiscales imposées par l'État.

La famille ne pouvait échapper aux prétentions

de l'État ; elle a été envahie à son tour par l'État, qui ne lui reconnaît pas même la liberté de garder ses traditions, ses croyances, l'unité d'idées et de sentiments.

C'est que l'État est naturellement porté à la prépotence par l'exagération de son rôle. C'est que l'État, expression élastique et impersonnelle, est devenu de nos jours le grand agent très conscient d'ennemis systématiques de la famille, de la liberté des enfants de Dieu et de tout ce qui se rattache à une origine divine, d'ennemis de Dieu lui-même. Or, la famille est le premier et le dernier asile de la tradition qui relie l'homme à Dieu, et le but final est de remplacer la souveraineté de Dieu par la souveraineté de l'homme. De là, le siège de la famille, les tranchées dont on l'enveloppe et les assauts qu'on lui livre.

La guerre à la famille chrétienne a commencé en France il y a plus d'un siècle ; mais depuis un certain nombre d'années elle a pris un caractère plus méthodique et plus acharné. Les assiégeants actuels de la famille sont les fils et les petits-fils de ceux qui ouvrirent les premières lignes contre la place ; mais les travaux de défense emportés jadis ont facilité un plus complet investissement, et chaque jour nous avons à constater de nouveaux succès de l'ennemi. S'il est vrai, selon une maxime de la stratégie militaire, que toute place assiégée et non secourue doit capituler dans un délai plus ou moins long, noùs pouvons prévoir la date approximative où la famille chrétienne et française aura succombé.

. Et d'où viendrait le secours sauveur à la famille assiégée ?

Une réforme considérable dans l'État et dans le pays est indispensable pour rendre à la famille sa liberté et sa dignité. Mais la délivrance de la place bloquée est l'acte préalable qui s'impose pour que la réforme devienne possible. Qui accomplira cette délivrance?

Nous n'avons pas la prétention de répéter ici, de répéter mal, ce que Le Play a magistralement dit. On peut ne point accepter toutes les vues du célèbre auteur de *La Réforme Sociale* et des *Ouvriers Européens*, mais il a défini le caractère et le rôle de la famille avec tant de précision, que quiconque voudra sérieusement protéger la famille française devra s'inspirer de ses idées. Et malgré la mobilité des institutions politiques et sociales, sans oublier que « la figure de ce monde passe », sans rêver un retour de ce qui est évanoui, on ne saurait se rendre exactement compte de ce que la famille a perdu depuis un siècle ni mesurer le chemin parcouru sur la pente de la décadence, si l'on n'a pas étudié le livre de M. Charles de Ribbe sur *Les Familles et a Société en France avant la Révolution*. Toutefois, si nous n'avons rien à apprendre à ceux de nos concitoyens qui ont le noble souci des questions vitales, nous pouvons secouer la torpeur publique,

renouveler des avertissements négligés, rappeler des
vérités et des faits, provoquer des mesures de salut,
solliciter des efforts, crier de toutes nos forces pour
être entendu. Nous n'avons qu'une voix faible, mais
ce n'est point un motif de se taire. Un son aigu
perce quelquefois les clameurs les plus discordantes,
et c'est pourquoi nous voulons crier et nous crions.

Le type de la vraie famille chrétienne et française
n'a point encore disparu ; heureusement ! Chacun
de nous peut reposer ses regards sur des maisons
calmes, où règne la concorde, où l'autorité du père
et de la mère s'est conservée, où les frères et les
sœurs s'aiment, se soutiennent, où les séparations
inévitables ne sont jamais complètes. Les épreuves
et les adversités entrent dans ces demeures comme
dans toutes les habitations humaines, mais elles n'y
apportent point le désespoir ; on continue à y aimer
Dieu et à le servir avec simplicité. Ces maisons sont
hautes ou basses, elles abritent des familles de
diverses conditions sociales, mais elles ne sont pas
bruyantes. Elles ne recherchent pas plus la rue
qu'elles n'en sont recherchées, mais l'estime publique
les entoure. On n'y déclame pas le patriotisme, mais
on l'y garde comme un feu sacré. Le plus souvent,
ces maisons essaiment comme les ruches d'abeilles ;
elles portent aux alentours ou au loin les traditions qui ont fait leur force ; quelquefois elles devien-
nent presque tribu. Nous pourrions citer comme
exemple entre beaucoup d'autres, dans une ville qui

ne renferme pas 25,000 habitants, une vieille famille de braves gens qui, par essaims successifs, est arrivée à compter plus de cent cinquante membres. Les enfants, petits-enfants et collatéraux ne sont pas tous d'égal mérite, mais ils sont tous bien pensants, tous sont restés braves gens comme leurs auteurs. Toutes les familles chrétiennes et françaises n'obtiennent pas cette multiplication ; mais n'est-ce pas aussi une fructification bénie que celle accordée à ces humbles familles de cultivateurs ou d'artisans qui fournissent aujourd'hui le recrutement du sacerdoce abandonné par les classes riches? Et, quand les familles doivent s'éteindre, car aucune n'est immortelle, n'est-ce pas une noble fin que de donner ses derniers fils à l'Église et à l'apostolat, ses dernières filles aux refuges de la prière ou aux œuvres de la charité ? N'était-ce pas aussi une glorieuse fin, celle des familles de grande race militaire où l'on était tué de père en fils, et qui, après s'être saignées pour la France pendant de longues générations, ensevelissaient leurs noms à Malplaquet, à Ramillies et dans tous les champs de bataille où leurs ossements se sont mélangés et comme identifiés avec l'humus du sol de la patrie ?

Lorsque l'homme arrive courbé au terme de la route de la vie, il se retourne pour contempler une fois encore l'image de sa jeunesse, d'autant plus douce et plus belle qu'elle est plus lointaine ; c'est au rayonnement du foyer domest:que qu'elle lui apparaît. Quand le soldat tombe sur une terre éloignée, frappé par l'ennemi ou par le climat, il meurt pour son pays et pour l'honneur du drapeau, mais sa dernière pensée est pour la famille. Le jeune homme que les nécessités de la vie poussent à aller gagner le pain de l'exil se soutient par le souvenir de la famille et l'espoir de la retrouver. La famille, quel cœur ne s'attendrit à ce nom, et quel Français, quel Chrétien ne serait jaloux de se placer entre elle et les démolisseurs ?

II

LES sociétés secrètes, ennemies naturelles de la société régulière et fondées pour la détruire en totalité ou en partie, concluent logiquement contre la famille, base de la société. Entre toutes, la franc-maçonnerie s'est distinguée par une hostilité plus radicale et plus systématique. Or, comme de toutes les sociétés secrètes des temps actuels la franc-maçonnerie est la plus répandue, la mieux organisée ; comme, d'autre part, la franc-maçonnerie, qui se définit elle-même « la République à couvert, » ainsi que « la République est la franc-maçonnerie à découvert », a réussi à mettre la main sur tous les pouvoirs publics en France,

au point que le chef de l'État, la plupart des
ministres et la majorité du Parlement sont affiliés
à cette société secrète, la franc-maçonnerie, disons-
nous, a porté son principal effort contre l'institution
de la famille chrétienne. La franc-maçonnerie a
élaboré dans ses cavernes les différentes lois qui,
surtout depuis vingt ans, ont attaqué la famille ; la
franc-maçonnerie a dicté à ses adeptes, assujettis à
l'obéissance aveugle par serment, les lois oppressi-
ves ou destructives de la famille, qu'ils ont dû proposer comme gouvernants et voter comme législateurs. Puis donc que nous sommes en Maçonnerie,
il importe de connaître exactement les idées maçonniques sur la famille, et cette connaissance
expliquera bien des choses.

Les philosophes du siècle précédent, tous maçons,
avaient commencé par ébranler les croyances et les
mœurs domestiques par leurs sarcasmes, arme favo-
rite de l'époque. « L'adultère n'est point un crime
selon la loi naturelle », écrivait Voltaire. Le divorce, ajoutait-il, n'est que la liberté de réparer « la
faute » du législateur chrétien édictant l'indissolubilité du mariage. Il recommandait la loi de Lycur-
gue pour la communauté des femmes. Helvetius ne
voyait dans l'amour paternel « qu'un effet du sentiment de la postéromanie ou de l'orgueil de com-
mander. » Quant à l'amour des enfants pour leurs
parents, c'était, selon lui, « plus l'ouvrage de l'habi-
tude et de l'éducation que de la nature ». Diderot et

d'Alembert tenaient le même langage. On sait comment Rousseau avait préconisé l'état de nature : homme libre et femme libre. Un des pères de la Maçonnerie, le célèbre Weishaups présentait le même idéal, et Saint-Martin attaquait non moins radicalement les obligations qui découlent du mariage. Le Saint-Simonisme et le Fourriérisme s'approprièrent ces doctrines si commodes de la Maçonnerie.

Mais celle-ci ne s'arrête pas aux théories. Après 1830, quand elle se confondait à peu près avec le carbonarisme issu d'une mésintelligence entre sections maçonniques, un chef de la Haute-Vente italienne donnait ces instructions, applicables en France comme ailleurs :

« *L'essentiel est d'isoler l'homme de sa famille,* « *de lui en faire perdre les mœurs... Pour détrui-* « *re le catholicisme, il faut commencer par suppri-* « *mer la femme...*, mais puisque nous ne pouvons « supprimer la femme, *corrompons-là...; le meilleur* « *poignard pour frapper l'Église, c'est la corrup-* « *tion....* »

L'établissement par la Maçonnerie des loges androgynes, c'est-à-dire des loges mixtes d'hommes et de femmes, rentre dans ce plan de corruption. Mais comme les femmes qui s'affilient sont très peu nombreuses, on a procédé par d'autres moyens. On a demandé à l'État de prêter son bras à l'œuvre de démolition de la famille. Ne vous contentez pas, lui a-t-on dit, de disperser le patrimoine familial ; établissez le mariage civil, non pas comme une règle d'ordre public, mais comme le seul mariage légal, et ignorez le mariage religieux, le mariage sacramentel. Rétablissez le divorce qui date de 1790 et qui n'a été aboli que depuis 1816. En même temps, appesantissez davantage votre main sur l'enfant pour le façonner à votre image et à la nôtre, en supprimant par degrés l'enseignement religieux et libre.

C'est ainsi qu'en 1870, l'Assemblée générale du Grand Orient de France émettait un vœu unanime pour l'enseignement gratuit, obligatoire et laïque, et que ce vœu était renouvelé à la presque unanimité par le convent annuel des loges en 1872, époque où la Maçonnerie n'était pas en mesure d'exécuter elle-même son programme.

Elle a dit encore à ses adeptes, pour le jour où ils auraient escaladé le pouvoir :

Ne fermez pas de suite les églises, mais videz-les. Lentement et sûrement vous dessécherez les racines de la famille chrétienne en France. Séparez même autant que vous le pourrez les vivants des morts. Remplacez l'œuvre des prières et des tombes par le vague souvenir. Nous avons déjà éloigné, sous prétexte de salubrité, les cimetières des églises de villages ; enlevez, dans les cimetières des villes, au nom de la liberté de conscience, la grande croix autour de laquelle se groupent les petites croix de

chaque famille ; ce sera autant de pris sur les traditions, et l'on habituera les familles à une mesure
ultérieure plus radicale. Encouragez la crémation
des corps ; si elle entrait dans les mœurs, un lien
de foi serait brisé entre les générations vivantes et
les générations éteintes des familles par la dispari-
tion du cimetière chrétien.

Et ainsi a-t-il été fait. Les consignes ont été
suivies.

III

A première atteinte légale portée dans ce
siècle-ci à la fixité de la famille française
l'a été par le Code civil. L'auteur ne cachait guère
son but, qui était avant tout politique, et qui est
devenu surtout social. Par les dispositions relatives
aux successions, Napoléon, fondateur d'une dynastie
qui, pour être solide, avait besoin de s'appuyer sur
un nouvel ordre de choses et sur des hommes neufs,
visait à dissoudre les héritages, à pulvériser les
groupements qu'ils comportent, à détruire la force
qu'ils représentent, à tout réduire à de simples
individualités, livrées forcément ensuite par leur
isolement à la prédominance de l'État incarné en
lui. Une fois l'émiettement consommé, il se proposait, il est vrai, de reconstruire à son profit une

éodalité nouvelle, et de créer une aristocratie plus puissante que l'ancienne par l'institution de majorats. Il commença même l'application de ce système, qui n'était pas sans quelque analogie avec celui de l'aristocratie de conquête établie en Angleterre après l'invasion des Normands. Il nous reste plusieurs types de ces familles privilégiées. La pensée de Napoléon était assez cruement exposée dans les passages suivants d'une lettre qu'il adressait de Saint-Cloud, en juin 1806, à son frère Joseph, roi de Naples :

« Je veux avoir à Paris cent familles, toutes
« s'élevant avec le trône et restant *seules* considé-
« rables, puisque ce sont des fidéicommis, et que
« ce qui ne sera pas elles va *se disséminer par*
« *l'effet du Code civil.*

« Établissez le Code civil à Naples ; tout ce qui
« ne vous est pas attaché *va se détruire en peu*
« *d'années*, et ce que vous voudrez conserver se
« consolidera. *Voilà le grand avantage du Code*
« *civil.*

« Il faut établir le Code civil chez vous, il conso•
« lidera votre puissance, puisque *par lui tout ce qui*
« *n'est pas fidéicommis tombe et qu'il ne reste plus*
« *de grandes maisons que celles que vous érigez en*
« *fiefs.* C'EST CE QUI M'A FAIT PRÊCHER UN CODE
« CIVIL ET M'A PORTÉ A L'ÉTABLIR. »

Ç'est ingénu ou machiavélique, comme on voudra, mais assurément c'est clair.

2

Nous sommes moins bien fixés sur les vues que pouvait avoir Napoléon relativement à la masse de la nation ; mais son caractère despotique nous fait légitimement supposer qu'il trouvait commode et habile de rompre le faisceau des autres familles par la désagrégation des patrimoines familiaux ; le résultat devait être pour lui de réduire chaque citoyen à sa plus simple expression, de dépouiller graduellement et presque insensiblement les familles de toutes classes de la puissance que donne la propriété, pour ne plus avoir devant lui que des individus détachés du sol, très appauvris, débiles, faciles à embrigader, à la merci de l'État césarien, successeur de l'État jacobin.

Quoiqu'il en soit, ce résultat a été plus ou moins complètement obtenu. Depuis près d'un siècle, le Code civil règne et opère ; ceux qui en ont compris et approuvé l'efficacité destructive l'ont pieusement conservé et déclaré intangible. Ceux qui ont reconnu et déploré sa désastreuse influence n'ont pu ou osé corriger la législation successorale, et l'émiettement des héritages continue, entraînant comme conséquences le relâchement du lien familial, l'exagération de l'individualisme et l'affaiblissement progressif d'une force collective qui sera bientôt réduite à néant.

Le partage forcé, acte de défiance envers l'autorité paternelle, paralyse les efforts pour constituer l'habitation de famille, puisque cette habitation doit

être vendue après décès dans un très grand nombre
de cas. Ainsi sont annulées toutes les tentatives
pour conserver ou rendre la stabilité aux familles
pauvres, rejetées par le fisc dans la catégorie des
familles sans racines au sol et vagabondes. Avec
le partage forcé, il n'est pas possible de prendre au
sérieux les propositions bucoliques de tel législateur qui demande à cette heure aux Chambres
d'assurer à l'ouvrier la propriété inaliénable de la
maison et du jardin ; et il faut, pour faire tout haut
pareils rêves, oublier en quel temps, en quel pays,
sous quelle législation l'on vit.

Le partage forcé entraîne fatalement la restriction des naissances et l'affaiblissement du pays, car
tout se tient entre la famille et le pays, et l'histoire
des périodes de prospérité ou de décadence d'une
société organisée en corps politique n'est que le
tableau des petites sociétés domestiques composant
la famille nationale.

Ce n'est pas que nous désirions un retour à la
législation de l'ancien régime ; avec ses avantages
et ses inconvénients, elle a fait son temps, elle est
morte en France, quoiqu'elle ne le soit point dans
tous les autres pays. Nous n'accepterions même
pas volontiers ce que l'on appelle la liberté testamentaire. Le Play et son école nous paraissent, sur
ce point, abuser d'un mot prestigieux et envisager
l'utilité plus que la justice. La liberté testamentaire
pourrait aisément devenir l'arbitraire paternel ,

ébranler souvent l'union des familles et produire quelques-uns des inconvénients du droit d'aînesse. En tout cas, l'opinion publique, qu'il ne faut pas heurter inutilement lorsque le respect de la vérité n'en fait point un devoir, n'est nullement disposée au régime de la liberté testamentaire. Mais tous les bons esprits paraissent d'accord sur la nécessité d'accroître la part disponible du père dans la distribution de l'héritage et aussi d'élargir ses facultés de répartition et de règlement successoral.

Là, croyons-nous, est le point précis de réforme pratique pour arrêter tardivement les effets du Code civil dans ses rapports avec la famille. A une époque où le dernier porteur de blouse est improvisé législateur, et où ce législateur touche à tout à tort et à travers et peut légalement faire d'une fille un garçon, ne se rencontrera-t-il personne dans le Parlement qui ait le courage de demander que le droit écrit fléchisse devant le droit naturel ?

IV

LE coup le plus dangereux peut-être dirigé contre la famille a été celui visant l'enfant pour le séparer de son père et de sa mère, pour lui arracher les traditions des ancêtres, pour le façonner dans le moule de l'État. Or, l'État étant athée, le moule est un instrument d'athéisme, un instrument pour frapper des générations nouvelles à une autre effigie que celle de leurs auteurs. La conquête de l'âme de l'enfant, tel est l'effort poursuivi avec persévérance depuis plus d'un siècle. L'enfant n'appartient pas à ses parents, l'enfant appartient à l'État, voilà la prétention, voilà le fond du système employé pour disloquer la famille, système où la violence et l'hypocrisie combinent savamment toutes leurs ressources.

Pour bien nous rendre compte de tout ce qui a été fait afin de s'emparer de l'enfant, il nous faut récapituler ici, le plus brièvement possible mais avec des indications suffisantes, l'histoire de l'enseignement en France depuis la fin du dernier siècle au point de vue des atteintes portées à la famille.

La théorie de l'enfant appartenant à l'État est de Rousseau, le père dénaturé, et de l'école philosophique qui avait entrepris de déchristianiser la France par la déchristianisation de la famille. Le principe posé, il fallait d'abord déchristianiser l'État, puis lui livrer l'enfant. La Chalotais fut le rédacteur du plan, accepté avec enthousiasme par Voltaire et les voltairiens. La Chalotais se chargea de mettre en formules, sous couleur de réformes légales à opérer, les idées de d'Alembert, de Diderot, de Condorcet et de la coalition encyclopédique. La Chalotais faisait prendre à l'État la charge entière de l'éducation des enfants des deux sexes, de sept ans jusqu'à dix-sept ou dix-huit, en l'enlevant aux Congrégations religieuses enseignantes ; il proposait de changer tous les livres classiques et de séculariser l'enseignement. Il traitait de « bagatelles sacrées » ce qui se rapporte à la religion et attribuait à l'État seul le droit d'enseigner la morale séparée de la religion.

La Révolution, maîtresse de l'État à coups d'insurrections, se hâta d'étendre la main sur l'enseignement, ses chefs étant à peu près tous affiliés aux sociétés secrètes, suivant la consigne donnée par Weishaupt à l'Europe entière et particulièrement à la France : Nous avons à « *nous emparer de l'éducation.*» A l'Assemblée Constituante, Talleyrand, Daunou, deux renégats, le Marquis de Condorcet et le futur régicide Le Pelletier élaborèrent, d'après le plan de La Chalotais, l'organisation de l'enseignement d'État. Ce doit être « la Papauté de la Raison », disait Talleyrand, auteur d'un rapport célèbre dont Napoléon devait un peu plus tard adopter l'idée fondamentale. A l'Assemblée législative, Condorcet eut à présenter un rapport, qui ne fut que la copie ou la suite de celui de Talleyrand. Non seulement il séparait la morale de la religion, mais il proscrivait même « ce qu'on appelle religion naturelle. » En 1792, Danton détruisit ce qui restait de Congrégations enseignantes. Robespierre, l'année suivante, développa à la Convention les projets Le Pelletier pour l'éducation nouvelle, demandant

que, de cinq à douze ans pour les garçons et de cinq
à onze ans pour les filles, tous les enfants sans
distinction fussent « élevés en commun aux dépens
de la République » et que l'instruction fût obligatoire. Comme moyens financiers, outre le produit
acquis des confiscations, une taxe spéciale, égale à
la moitié de la contribution ordinaire, devait être
imposée à chaque citoyen. Défense de parler religion dans les écoles à établir. Robespierre formulait
cet axiome : « dans l'instruction publique, *la totalité de l'enfant nous appartient.* » Danton avait déjà
dit : « *Les enfants appartiennent à la République
avant d'appartenir à leurs parents.* » Saint-Just
consentait seulement à laisser les enfants à leurs
mères jusqu'à cinq ans , et encore sous certaines
conditions. Le Bon exprimait d'égales prétentions,
et Grégoire voulait que l'État républicain et athée
allât chercher l'homme jusque « *dans l'embryon de
l'espèce* »(1).

Et la Convention ratifiait cette expropriation de
la famille, prescrivant par décret la mise à exécu-
tion du système.

Peu après, Lakanal, pour saisir, non seulement
l'âme de l'enfant, mais encore le père et la mère,
faisait décider l'édification dans chaque commune

----

(1) On ne saurait trop, sur ce sujet, relire et faire lire *La Révolution
maitresse d'école*, par le P. Rouvier, livre remarquable paru il y a une
quinzaine d'années, et dont quelques parties auraient seulement besoin
d'être remises à jour et à heure dans une nouvelle édition.

d'un théâtre où hommes et femmes eussent obliga-
toirement à apprendre la danse.

Mais on démolissait plus qu'on ne construisait.
Les rapports à la Convention se suivaient, sans
que la sanction pratique correspondît exactement
aux vues. Celui de Daunou sur la loi de Brumaire,
an IV, reproduisait les conceptions dés précédents,
mais y ajoutait pour les écoles primaires la stipula-
tion que la morale devait être « républicaine. »
Plus tard, Chazal demanda aux Cinq-Cents que
les instituteurs convaincus de ne pas aimer cette
morale « républicaine » fussent déportés à perpé-
tuité.

Les familles, malgré l'horrible tourmente révolu-
tionnaire, résistèrent assez bien à la conquête jaco-
bine de l'âme de l'enfant. L'enseignement athée de
l'État ne réussit pas à s'imposer, et au bout de dix
ans, l'enseignement en France ne présentait plus que
l'aspect d'un vaste et désolé champ en friche. Aussi,
quand il fallut recouvrir ces ruines intellectuelles et
morales d'une végétation quelconque, Portalis dut-
il affirmer hautement qu'il n'y a « point d'instruction
sans éducation, et point d'éducation sans morale et
sans religion. » Il ajouta : « Les professeurs ont
« enseigné dans le désert, parce qu'on proclama
« imprudemment qu'il ne fallait jamais parler de
« religion dans les écoles. *L'instruction est* NULLE
« *depuis dix ans.* »

Malheureusement, la plupart des reconstructeurs

de l'enseignement, au commencement de ce siècle, étaient imbus du même esprit tyrannique que ses destructeurs, et leur maître tenait autant que les Jacobins, les philosophes et les sectaires, à dominer l'âme de l'enfant. Napoléon n'écouta ni Portalis, ni Champagny, ni même Chaptal; il se servit du régicide Thibeaudeau, de Rœderer, de Lebrun et aussi de Fontanes pour créer et entretenir trente lycées aux dépens des contribuables, pour écarter la religion de l'éducation, pour organiser un enseignement unique, celui de l'État, pour fonder une Université à monopole dans tout son Empire, Université ayant un seul chef, lui-même. Il s'instituait ainsi grand pédagogue universel, et l'enfant devait penser, non comme ses parents, mais comme le despote des corps et des âmes.

Un universitaire très distingué, partisan et instrument des idées césariennes, M. Duruy, a ainsi exposé le but et le résultat de la création de l'Université par Napoléon :

« Quel trait de génie, d'avoir compris *qu'il n'est* « *qu'une grande corporation laïque pour disputer* « *la jeune génération* aux débris des vieilles corpo- « rations enseignantes et surtout à leur esprit ! « Avant le 18 brumaire, on pouvait déjà prévoir le « moment où la réaction aurait regagné dans le « domaine de l'enseignement tout le terrain perdu « depuis 1789.... En créant l'Université de France « *à son image*, en l'animant de son esprit..., Napo-

« léon écartait à jamais ce danger. Après avoir rivé
« le présent à la Révolution par le Code civil et le
« Concordat, *il lui assurait l'avenir par l'éducation.*
« Les historiens de l'école libérale ont trop négligé
« ce point de vue, et vraiment de leur part, c'est
« bien de l'ingratitude ; car *de tous les services que*
« *Napoléon a rendus à leur cause* en croyant, je le
« veux bien, gagner la sienne, *je n'en sache pas de*
« *plus mémorable* que d'avoir arraché l'enseignement
« aux pires ennemis du nouveau régime pour la
« confier à un corps profondément imbu des idées
« modernes. »

Ce corps d'oppression intellectuelle et morale,
l'Université de France, organe de l'État enseignant,
est toujours debout. La Restauration n'osa ou ne put
l'entamer, tout en lui suscitant des rivaux. Le gouvernement de Juillet le maintint avec le soin le plus
jaloux ; un de ses ministres, qui devait plus tard
tomber sous une condamnation infamante, Teste,
réclamait pour l'État l'enseignement de la Théolo-
gie elle-même. Il y eut alors de belles luttes pour
défendre l'âme de l'enfant, luttes qui, hélas ! ont
perdu de leur vigueur en des jours cependant plus
critiques. Assurément, l'Université compta, à cette
époque, comme à celles qui l'avaient précédée et à
celles qui l'ont suivie, des hommes de grande valeur,
très méritants et personnellement dignes de la
confiance des familles ; mais le système n'en demeu-
rait pas moins oppressif. Aussi Louis-Philippe,

quoique teinté de voltairianisme et qui avait envoyé ses fils aux collèges de l'Université, émettait-il, un jour de franchise, devant un célèbre prédicateur, ce pronostic : « l'Université nous ramènera à l'anthropophagie. »

Le dernier Empire, après l'expédition d'Italie et l'envahissement du domaine du Saint-Siège, renforça l'enseignement d'État. M. Rouland fit en 1861 à Napoléon III un rapport secret contenant un plan détaillé pour détruire peu à peu l'enseignement chrétien et libre, pour avoir des écoles primaires absolument laïques. Ce plan fut adopté et fidèlement suivi. Le principal exécuteur fut le franc-maçon Jules Macé, qui fonda en 1866 la fameuse *Ligue d'enseignement*, avec le concours du pouvoir, la collaboration active du directeur général du ministère de l'instruction publique, la recommandation du général Mellinet, grand maître de la Maçonnerie française, l'appui de toutes les Loges et la faveur de la plupart des agents officiels impériaux.

Les évènements de 1870 interrompirent la campagne préparatoire de l'enseignement gratuit, obligatoire et laïque ; mais dès que les républicains eurent reconquis le pouvoir en 1877, elle fut reprise par les Paul Bert et les Ferry ; celui-ci a même eu l'honneur de donner son nom à un ensemble de lois visant toutes à soustraire l'enfant à sa famille, à contraindre les parents à l'abandonner plus complètement à l'État et à effacer dans l'âme de l'enfant le nom et l'image de Dieu. C'est cette législation que subissent aujourd'hui les familles.

La mère se montrant récalcitrante à la matérialisation de l'âme de son enfant, on attaque la femme par un enseignement spécial pour préparer de nouvelles générations de mères plus faciles.

Les écoles libres n'ayant pu être supprimées du coup, on défend du moins aux communes de leur fournir des ressources, on refuse d'autoriser les legs des particuliers en leur faveur, et l'on se promet de vider bientôt ces écoles en déclarant l'enfant qui y aura passé inapte aux emplois de l'État et aux fonctions publiques.

Depuis près de vingt ans que l'État élève une génération sans Dieu, nous avons vu apparaitre des phénomènes que nul temps et nul pays n'avaient soupçonnés, ceux de la précocité des criminels et des suicides d'enfants, et les magistrats comme les moralistes et les hommes politiques commencent à s'épouvanter. Que sera-ce, si tous les enfants sont soustraits à leurs familles, lorsque la famille aura été à son tour pervertie, disloquée, et ne consistera plus que dans l'union fortuite ou chronique des sexes ? Les annales de Cempuis, les expériences d'un célèbre docteur matérialiste à Bicêtre, une récente délibération du Conseil municipal de Paris, où a retenti le mot de « cochonnerie » jeté à la face du directeur de l'assistance publique, peuvent nous donner l'avant-goût d'une époque que, heureusement, nous ne verrons pas.

V

L'HOMME et la femme sont trop imparfaits pour demeurer longtemps en contemplation mutuelle. La satiété, l'inconstance naturelle au cœur humain, les duretés de la vie amènent le détachement de deux êtres qui avaient d'abord cru se donner pour toujours. Mais que deviendrait l'enfant dans une séparation, l'enfant qui est le but même du mariage, l'enfant pour qui le père et la mère doivent se dévouer, au besoin se sacrifier ? Aussi Dieu n'a-t-il pas voulu que ce qu'il avait uni pût être désuni, et l'Église catholique, plus vigilante et plus ferme gardienne du foyer que les autres religions, a-t-elle maintenu inébranlablement, à tout prix, l'indissolubilité du mariage.

Il était à peu près inévitable que la famille chrétienne fût attaquée en France par une brisure du lien conjugal. Elle l'a été.

La loi du divorce fonctionne depuis dix ans. Au début, elle fut peu contagieuse, mais elle l'est devenue progressivement. La dernière statistique accuse près de 8,000 divorces en un an. Mais cette statistique remonte à 1891. La progression est sensible chaque année, elle ne se ralentira plus. Pour accélérer le mouvement, on a tourné au profit du divorce la loi sur les séparations de corps qui en aurait dû être le préservatif. Au bout de trois ans de séparation, la demande d'un des séparés entraîne le prononcé du divorce. De la sorte, les époux malassortis, à qui la cohabitation a été rendue impossible, n'ont plus même la ressource de pouvoir éviter la rupture définitive et irrémédiable ; il faut qu'ils se résignent à l'enfer de leur intérieur, ou qu'en réclamant la séparation de corps, ils envisagent la conséquence prochaine de cette séparation, conséquence qui sera le divorce, quoique leur conscience ou un reste d'affection au fond du cœur répugne au divorce. La séparation de corps n'est plus aujourd'hui que la préface du divorce.

En se multipliant, les divorces entreront dans les habitudes. Dès à présent, les croyances religieuses n'y mettent pas obstacle absolu. Si l'on a vu déjà des catholiques notables, à réputation retentissante, s'affranchir de la loi morale de l'indissolubilité du mariage, si des catholiques moins éclairés et de conditions inférieures ont quelquefois besoin d'être arrêtés par un rappel pressant aux leçons du catéchisme, qu'adviendra-t-il quand la tache d'huile se sera étendue sur la société ?

Quelle école aujourd'hui et demain pour les enfants des divorcés ! Quelle opinion peuvent-ils se former de la famille, quand ils la voient rompue par la loi civile ? Eussent-ils tous les soins matériels et moraux chez celui des auteurs de leurs jours

à qui la justice les a attribués, ils participent fatalement à l'aversion de l'un de leurs parents pour
l'autre, tandis que la loi naturelle leur aurait inspiré
affection, respect et obéissance pour tous les deux, si
le foyer commun n'avait pas été détruit. Ils appren-
nent nécessairement à traiter la famille comme le
père et la mère l'ont traitée. Si l'on réunissait sur
une vaste place tous les enfants des divorcés
jusqu'à ce jour, vous pourriez dire : voilà une immense école de dissolution de la famille ; chaque
année, cette école va s'élargir, et dans dix autres
années on aura une formidable armée pour battre
en brèche ce qui reste dans notre pays de l'institution sociale la plus sacrée et la plus indispensable.

VI

LES législateurs révolutionnaires, qui ont
déjà tant travaillé contre la famille, ne
s'arrêteront pas. Ils préparent une loi assimilant les
bâtards aux enfants légitimes ; un ancien ministre
de la justice s'est posé, au Parlement, en champion
des bâtards ; le ministre actuel l'a appuyé. On ne
leur a pas tout concédé du premier coup, mais une
partie de leurs prétentions ont été déjà admises, en
attendant les autres.

En cela, on copie les grands ancêtres de la Con-

vention qui avaient proclamé l'égalité héréditaire
entre les bâtards et les enfants légitimes. La question
n'est pas encore entièrement mûre. Chaque fois
qu'une tyrannie nouvelle cherche à s'imposer, elle
révolte de prime abord l'esprit public. On procéde
par ballon d'essai : on propose, on ajourne, on
reproduit la motion, on discute, on diffère encore,
puis on revient à la charge, les résistances s'affai-
blissent, et à la troisième ou quatrième tentative, en
observant des délais calculés pour habituer l'opinion
à ce qui l'avait d'abord le plus choquée, on finit par
l'emporter. Il en sera de même de la proposition
de loi pour élever les bâtards au rang des enfants
légitimes : elle prévaudra', comme a prévalu le
projet de loi sur le divorce, comme ont prévalu suc-
cessivement tant de dispositions attentatoires à la
liberté, au droit et à l'honneur de la famille. On ira,
si les démolisseurs ont assez de temps devant eux,
jusqu'à l'union libre, qui est l'idéal, sinon avoué,
du moins recherché.

VII

NOTRE régime électoral contribue aussi à
ébranler la famille ; il n'en tient pas
compte dans l'appréciation des droits sociaux, il
l'ignore, pour ne considérer que l'individu parvenu

à sa majorité. Il additionne de simples unités pour former des quantités, sans égard pour la qualité. Le père de famille, qui a charges lourdes, qui a acquis expérience, qui a fourni des gages au pays, n'occupe pas plus de place dans le dénombrement électoral que son fils, que son employé, que son serviteur, que son manœuvre nomade. Ce régime est la négation de l'autorité du chef de la famille, qu'il rabaisse au niveau des déclassés, des politiciens de cabarets, des vagabonds ne payant pas d'impôts et n'offrant aucune surface, aucune garantie. « Mensonge universel », ainsi a-t-on qualifié justement le suffrage universel tel qu'il fonctionne en France ; il froisse la justice, il offense le bon sens, il suppose la famille sans hiérarchie, ou plutôt comme n'existant pas, et peut-être cette suppression tacite est-elle le raffinement du calcul de nos ennemis.

VIII

Si jusqu'à cette heure la législation maçonnique et athée n'est pas allée assez vite dans l'entreprise de destruction de la famille française et chrétienne, le socialisme activera l'œuvre. Le socialisme a coopéré avec empressement à toutes les mesures opportunistes ou radicales sapant

les bases de la famille et des autres institutions
essentielles de la société ; mais il répudie les len-
teurs et les méthodes prudentes ; il va droit au but
qui est de faire table rase. Le socialisme semble
seul avoir la foi au milieu de l'énervement général,
si l'on peut profaner le mot de foi en l'appliquant
aux instincts brutaux et aux négations de tout droit,
de toute vérité, de toute justice. La marée socialiste monte. A chaque élection, les socialistes arri-
vent renforcés de nombre et d'audace dans l'en-
ceinte législative. Ils exigent, ils sont craints, on
compte avec eux, en attendant qu'ils se rendent
maîtres du pouvoir, dont la possession équivaut à
celle d'un pays centralisé. Un premier ministre
opportuniste et huguenot vient de mettre sous leurs
pieds le principe même de toute autorité, en déclarant que l'autorité réside, non pas en haut, mais en
bas et procède d'un simple contrat.

Le socialisme supprime la propriété par son système de confiscation des chemins de fer, des mines,
du sol et du sous-sol. Par là même il détruit la
famille que l'on ne conçoit pas sans droit de propriété. Récusant l'origine divine du droit de propriété, il n'y veut voir qu'un mode de répartition, au gré
de l'État, agent de la collectivité. S'emparant de
la maxime du chef de l'opportunisme « la majorité
crée le droit », les socialistes ne visent à rien moins
qu'à bouleverser toute la propriété française, quand
ils auront obtenu la majorité parlementaire par l'a-

berration des esprits, par la surexcitation des appé-
tits et par l'intimidation des électeurs pusillanimes.
L'ouvrier des villes est assez bien préparé à cette
expropriation ; l'ouvrier des campagnes, quoique
entamé par la propagande socialiste, ne s'y prêtera
que passivement ; le paysan proprement dit, posses-
seur d'un champ, n'admettra pas sans difficulté
qu'on le dépouille de ce champ, à moins qu'on ne
lui en promette un plus vaste pris sur des voisins.
Proudhon, qui n'avait peur ni des mots ni des choses, a écrit : « la Révolution socialiste ne saurait
aboutir qu'à un immense cataclysme. » Le cataclysme engloutirait la famille comme le reste. Le
cataclysme n'est pas imminent, mais il se rappro-
che, et l'on peut mesurer la distance qui nous en
sépare sur les progrès politiques du parti socialiste.

IX

Les mœurs contemporaines, la transformation des usages, des coutumes et de
la vie ont notablement altéré le type de la vieille
famille et font prévoir une détérioration pire dans un
prochain avenir.

Sans doute le désordre moral fut de tous les
temps, mais ordinairement à l'état d'exception, et
confiné dans une classe de la société. S'il est vrai

que la littérature reflète les mœurs d'une époque,
que penser de la nôtre où fleurit dans tout son libre
épanouissement l'adultère? On ne peut plus ouvrir
un roman sans y trouver la justification de l'adultère. Les romans d'adultère, il y a seulement un quart
de siècle, étaient encore rares et causaient sensation.
L'adultère est maintenant le thème banal et presque
obligé de tout roman visant à la popularité. Ce
n'est plus dans des boudoirs de courtisanes ou de
mondaines désœuvrées que l'adultère littéraire est
savouré ; il va partout ; le feuilleton le répand à
millions d'exemplaires , le fait pénétrer dans les
hameaux les plus reculés, le place sous les yeux
de la jeunesse et de l'enfance qui étaient restées
jusqu'ici presque indemnes de la contagion. Les
imaginations s'habituent à voir dans l'adultère
le fait divers le plus ordinaire de la vie réelle de
toutes les classes, et cette fréquence lui ôte sensiblement de sa gravité. Du moment que l'adultère
est presque général, pourquoi se scandaliser d'abord,
puis pourquoi ne pas faire comme tout le monde ?

A côté des romans d'adultère se présentent les
romans naturalistes. L'alcôve est transportée sur la
place publique, ou plutôt il n'y a plus d'alcôve. La
brutalité n'a plus de frein ; l'ordure s'étale comme
fleur dans une exposition horticole. Plus de voiles,
plus de pudeur. Le plus cynique écrivain est celui
qui est le plus assuré du succès. On tire à plusieurs
centaines de milliers d'exemplaires des livres qui

mériteraient le pilon et qui devraient attirer à leurs auteurs un châtiment légal, mais qui leur procurent fortune, réputation et presque estime par surcroît. Le marquis de Sade, qui n'est lu par personne, qui ne pouvait être goûté que de quelques blasés des hautes sphères sociales, fut cependant enfermé au commencement de ce siècle où l'on ne se piquait pas de rigorisme. Zola, lui, n'a chance que d'être enfermé à l'Académie dont il secoue la porte. Ces deux noms nous semblent marquer deux dates dans la corruption des mœurs. De l'un à l'autre on peut mesurer le progrès de la littérature pornographique. Zola a vulgarisé, démoralisé, plus qu'aucun de ses devanciers, tout ce qui peut souiller la famille, tout ce qui peut la réduire à un commerce de deux brutes sans souci des petits.

L'illustration et l'image accompagnent le plus souvent le texte des romans et mettent la dépravation à la portée de toutes les intelligences comme de tous les regards.

Le théâtre achève dans les villes ces leçons de choses ; il réunit le double enseignement du feuilleton et de l'illustration, et il jette sur le tout le prestige des décors, le vernis des costumes, la séduction de la mise en scène des passions adultérines.

Et nous ne parlons pas de certains théâtres qui ont inauguré le naturalisme dans sa représentation la plus nue et la plus crue, parce que ce genre de spectacle n'est pas encore descendu de Paris dans

les grandes villes de province les plus relâchées.
Mais quand une famille s'aventure au complet dans
un de ces théâtres où l'art devrait s'appeler d'un
autre nom, en sort-elle avec l'amour du foyer, et
rentre-t-elle dans ce foyer avec les sentiments qui
en assurent le respect?

C'est bien au chapitre des mœurs, ou plutôt de
l'immoralité, qu'il faut rattacher la triste et scabreu-
se question du malthusianisme. On veut peu ou
point d'enfants. Croissez le moins possible, ne mul-
tipliez pas, telle est la théorie et telle est la pratique. Ce qui était théorie étrangère a passé en pratique nationale.

Et ce sont les provinces les plus riches de la
France qui dénaturent le mariage, tandis que dans
d'autres provinces pauvres mais profondément chrétiennes les familles, en obéissant à la loi naturelle
et divine, continuent à fournir d'abondantes ressources en hommes à la patrie. La plaie du malthusianisme s'élargit. On cite parmi les provinces françaises qui en sont le plus infestées la Normandie,
c'est-à-dire le pays habité par la race autrefois la
plus féconde. Demandez donc aujourd'hui aux
Normands de se déverser sur l'Angleterre et la Sicile
et de coloniser le Canada, comme le firent leurs
pères !

Dans quelle mesure ces pratiques et ces mœurs
ont-elles influé sur la fécondité de la famille française? Il est impossible de le préciser, la statistique ne

pénètre pas jusque-là. Mais le fait avéré, c'est que
la natalité a considérablement diminué en France
dans les dernières années. Pendant deux de ces
années les décès ont même surpassé les naissances,
et l'équilibre ne s'est rétabli que l'an passé. L'équilibre même est encore un déchet, car la France est
entourée de nations rivales dont la population
augmente rapidement. Au milieu du xviiie siècle, la
race française l'emportait encore en nombre sur
toutes les autres. La France est maintenant tombée
au dernier degré pour la natalité, qui n'est plus que
de deux et demi par 100 habitants. Nous venons
après la Hongrie, l'Allemagne, l'Angleterre, le
Danemark, l'Autriche, l'Irlande, l'Italie, la Finlan-
de, la Hollande pour le nombre des mariages ; la
fécondité de ces mariages est inférieure chez nous
à celle de l'Allemagne, de l'Écosse, de la Belgique,
de l'Italie, de l'Angleterre, de l'Autriche, de la
Suède, de la Suisse. Nous avons un tiers de naissances légitimes de moins que l'Empire Allemand
et que la plupart des autres pays d'Europe, et même
sous le rapport des naissances illégitimes nous
venons bien après l'Allemagne, l'Autriche et l'Italie.
Actuellement, sans parler de la Russie, la nation
allemande, grâce à une natalité considérable,
dépasse déjà d'un tiers le chiffre de la population de
la France. L'Autriche et l'Angleterre nous attei-
gnent, et l'Italie nous suit d'assez près. Dans un
demi-siècle, l'Allemagne pourra opposer à la France

une population double, et si, au dire de Napoléon,
le plus grand stratège des temps modernes, la vic-
toire appartient aux gros bataillons, quel Français
osera, non pas rêver de revanche, mais dormir tran-
quille sur la défensive ? Voilà des faits, voilà des
chiffres qui rappellent trop éloquemment que la
famille est le noyau de la patrie, que la violation de
la loi divine et naturelle stérilise la famille et que
la déchéance de la famille française entraîne la déchéance de la France.

X

L'ALCOOLISME est venu se joindre aux autres agents destructeurs de la fécondité
des familles. L'alcoolisme est un ennemi nouveau
et très moderne de la famille. On se grisait autrefois avec du franc et joyeux vin de France. Aujour-
d'hui, quoique la France ait gardé le premier vigno-
ble du monde, les marchands de vin les plus
honnêtes se croient obligés d'affirmer sur leurs éti-
quettes et dans leurs réclames que leur vin est bien
réellement du jus de raisin. L'alcool, le mauvais
alcool à vil prix, se glisse dans le vin et toutes les
boissons. La consommation de l'alcool a décuplé
depuis un quart de siècle, et l'on évalue cette consommation aujourd'hui à 1 milliard 300 millions

de francs. C'est la plaie des ménages ouvriers, à quelque point de vue qu'on envisage la question. L'alcool d'industrie porte partout le poison et la misère. Souvent même il ne se déguise pas ; il s'offre sans gêne aux buveurs peu difficiles. La consommation en augmente d'une façon effroyable. Quatre cent cinquante mille cabarets débitent l'alcool à tous les degrés, sous toutes les formes. Le cabaret est l'industrie qui a le plus progressé depuis un quart de siècle, et elle continue à progresser. Le cabaret est un instrument de règne, une institution politique, une officine électorale pour la trituration du suffrage universel. Le cabaret est sous la protection des politiciens et des fonctionnaires. Les agents préposés à la salubrité n'osent plus dresser procès-verbal contre les falsificateurs de boissons ; ils seraient révoqués peut-être, blâmés certainement. Comme l'a avoué dans ses mémoires un ancien chef de la sûreté, « le marchand de vin sera tou- » jours ménagé, tant qu'il restera le grand élec- » teur... A ce personnage important vous ne tou- » cherez pas. » Et d'ailleurs le consommateur habituel de la plupart des cabarets saurait mauvais gré à l'autorité de veiller sur l'hygiène et d'entraver la liberté de l'empoisonnement.

Et certes c'est bien la dernière liberté que l'on s'avisera de gêner.

L'absinthe est le plus dangereux et le plus répandu de ces poisons. Mais combien d'autres ingénieusement inventés, audacieusement prônés, s'ajoutent à celui-là ! Et notre gouvernement décore les empoisonneurs en grand, fussent-ils même étrangers.

Aussi s'est-il formé une classe très nombreuse d'alcoolisés. Nous possédons aujourd'hui des alcoolisés, comme on avait au Moyen-Age des lépreux. Seulement les alcoolisés ne sont ni confinés ni internés ; ils communiquent avec leurs concitoyens et les prêchent efficacement d'exemple. S'ils ne vont pas mourir fous furieux dans les asiles d'aliénés, s'ils ne finissent pas à l'hôpital dans les convulsions du délire idiot, s'ils ne sont alcoolisés qu'à demi, à tiers ou à quart, ils empoisonnent dans la famille les sources de la génération. Après avoir bu le pain de la femme et des enfants, après avoir démoralisé ceux-ci par l'exemple, ils procréent d'autres enfants au sang vicié, rachitiques, en qui se développera à heure précise la tare paternelle. Les médecins jettent le cri d'alarme, mais il ne sera pas entendu. Il s'agit, crient-ils, de défendre la race française. C'est l'alcool qui remplit les hôpitaux et les prisons; c'est l'alcool qui fait tous ces gens incapables de travailler, ces idiots, ces épileptiques, ces aliénés. Mais qu'importe ? Périsse la famille, périsse la race, l'essentiel est que l'État ne perde pas une source fiscale. La France est aujourd'hui le pays qui compte le plus de fous, grâce à l'alcool et à d'autres agents délétères, mais au moins le peuple français a l'honneur de payer plus d'impôts que tous les autres peuples du monde. Les fils d'alcoolisés s'alcooliseront à leur tour, et au bout de deux ou trois générations, il ne restera que des brutes, s'il reste quelque chose.

XI

Si l'on observe seulement les familles chrétiennes, honnêtes dans la plus large acception du mot, on trouve que les modifications survenues dans l'existence moderne produisent à leur tour chez les individus des modifications de tempérament. L'agitation est la condition la plus habituelle de la vie, qui s'est en quelque sorte électrisée. D'où résulte une névrose presque générale, et par suite l'anémie plus ou moins prononcée. La névrose et l'anémie sont reconnues être la maladie de cette fin de siècle, et tout fait prévoir qu'au siècle prochain cette maladie prendra un caractère plus aigu. De là aussi une cause d'infériorité pour la reproduction des familles et un surcroît d'inquiétudes sur l'avenir de la race française au milieu des races qui menacent de la submerger. Mais ici, hélas! que faire? L'homme politique, le moraliste, le défenseur de la famille, le patriote et le chrétien sont également embarrassés. Que peuvent-ils contre les transformations de l'existence?

Une autre transformation qu'il faut aussi envisager, c'est celle qui s'opère dans les grands groupes humains. Les distances étant supprimées, tous les coins du globe étant connus et accessibles, il se fait un déplacement, déjà énorme et qui ne peut qu'augmenter, des habitants d'un pays à un autre. L'émigration a lieu des campagnes dans les grandes villes d'abord, puis du pays natal à la terre étrangère. Aux temps de la conquête, dans le bouleversement du monde romain, même en des âges postérieurs, la tribu ou la nation se dépiaçait toute ensemble, occupait telle étendue de sol à sa convenance, chassait l'indigène, ou l'asservissait, ou bien encore se l'assimilait, mais dans cette migration les familles ne perdaient pas leur homogénéité; elles restaient solidement constituées telles quelles. Dans des temps plus anciens, comme aux époques bibliques, lorsque l'homme était voyageur, la famille non plus ne se séparait pas ; elle marchait unie, hiérarchisée, vers les lieux où l'appelaient ses destinées. Rien de semblable dans les migrations actuelles parties de France. Nous ne parlons pas des migrations irlandaises, allemandes, ou même italiennes. La famille française se tronque ordinairement par les migrations, sans compensation pour ceux qui restent ; c'est bien souvent pour elle une perte sèche de forces et de ressources, lorsqu'un de ses membres va isolément tenter au loin la fortune. Quant aux migrations rurales vers les villes de l'intérieur, qui depuis un demi-siècle ont enlevé six millions d'individus à l'agriculture, et qui sont, au moins partiellement, une conséquence du partage forcé, elles ont rétabli en pleine civilisation la famille nomade; elles ont multiplié les occasions de promiscuité malsaine dans les villes, reconstruites de toutes pièces, mais où les travaux semblent être exécutés pour la seule commodité de la voirie en rétrécissant de plus en plus l'habitation; elles ont affaibli sensiblement la famille présente et future : la famille présente, parce que la famille rurale est plus morale que la famille urbaine; la famille future, par ce que la fécondité des familles est bien moindre dans les villes que dans les campagnes ; à Paris notamment, on aboutit à la stérilité des familles, tellement qu'on a pu dire : après la seconde génération, le Parisien ne se reproduit plus.

XII

Y a-t-il exagération de rigorisme à noter le luxe croissant parmi les plaies nouvelles de la famille ? Ce luxe n'est que trop visible. Ce qui est un peu moins patent, mais certain, c'est que la famille souffre quand elle accorde trop aux besoins factices, quand elle cède au désir de paraître. Que de misères intimes pour faire figure au dehors ! Que de privations cachées pour imposer au public !

Que de gens se croient obligés, non de mettre leurs
moulins sur leur dos, comme on le disait jadis, mais
d'avoir vitrine, suivant une expression adaptée au
commerce des grands magasins à étalages perma-
nents ! La vanité n'est pas la décence. Le budget
de la vanité, démesurément enflé, diminue d'autant
les dépenses nécessaires et convenables. Le luxe,
en introduisant la gêne au domicile , y amène
aussi les dissensions entre époux, dissensions qui
sont un fâcheux exemple pour les enfants, en même temps que ceux-ci sont détournés de l'économie
et de la vie simple. Et que de foyers où, avec le
luxe, pénètrent d'autres ennemis plus dangereux
encore, le pourvoyeur, l'infidélité et la honte, avec
le cortège de tous les désordres et parfois le dénoue-
ment dramatique ?

Les 350 ou 400 millions que l'on dépense annuel-
rement en France pour le tabac ne causent-ils
aucune gêne dans les familles ouvrières ?

Mais glissons.

Dans le même ordre d'idées, il faut noter que la
vie est devenue beaucoup plus chère. En même
temps que l'argent perdait la moitié de sa valeur
et que décroissait d'autant le revenu de ceux qui
possèdent, les aliments et divers objets nécessaires
à la vie doublaient presque de prix. Celui qui jouis-
sait de six mille francs de rente, il y a quarante ou
cinquante ans , se trouve présentement dans la
situation où il aurait été à cette date avec trois mille.

On a donc besoin désormais d'un grand courage
pour fonder une famille. Quiconque sait prévoir et
compter hésite devant les charges et l'incertitude
de l'avenir; pour les affronter, il faut : ou de l'étour-
derie, ou une vigoureuse confiance dans la Provi-
dence, et, de plus, une résolution bien arrêtée de
modérer ses goûts et de s'astreindre à une existence
modeste.

Des réflexions que suggère l'enchérissement de
la vie résulte le ralentissement des mariages, un
déficit inévitable dans la natalité. La jeune fille
n'est pas moins empressée au mariage, mais le
jeune homme ajourne sa décision ou recule devant
le fardeau. Ici nous n'osons pas blâmer, mais nous
constatons.

Insistons encore quelque peu sur les transformations, fâcheuses pour la famille, de la vie moderne :

Bien rarement le fils exerce la même profession
que son père, et l'apprentissage à l'atelier paternel
a presque disparu. C'est un lien de moins entre le
père et le fils.

La femme qui régnait autrefois dans son intérieur
et y maintenait sans interruption une heureuse influence est trop souvent obligée de le déserter pour
subvenir en partie aux besoins de la famille. Le
gain obtenu au dehors, à l'atelier, compense-t-il toujours les inconvénients de son absence ? C'est plus
que douteux, qu'on examine la question au point
de vue matériel ou au point de vue moral.

La jeune fille qui part le matin pour travailler dans un magasin ou un atelier ne peut rien apprendre de ce qui est nécessaire à toute femme, la conduite d'un ménage; elle arrive au mariage, prête à la noce seulement, non aux sévères devoirs de la mère de famille, et, se fût-elle conservée pure, elle est novice dans une vie comportant les plus sérieuses responsabilités.

Et les déclassés qui sortent de la fabrique des brevets ! Lorsque l'on compte 500 brevetées pour un emploi scolaire, les 499 petites bas-bleus évincées seront-elles de bonnes recrues pour la famille ?

Pour dénaturer plus encore le caractère et la mission de la femme, voilà qu'on lui ouvre les emplois publics, en dehors de l'enseignement, réservés jusqu'ici aux hommes. Encore une pierre arrachée au foyer.

Et puis, soyons francs : les familles réputées les plus chrétiennes se sont relâchées elles-mêmes des anciennes pratiques de la vie domestique. Extrêmement rares sont celles où la prière du soir se dit en commun, comme le faisaient nos aïeux ; la prière n'y est plus que personnelle. Comment Dieu serait-il donc encore « au milieu » d'elles ? Autrefois, dans toutes les maisons, même de paysans, on trouvait *La Vie des Saints*. Où la rencontrerait-on aujourd'hui, et surtout qui la lit ? Les saints sont cependant des ancêtres et des modèles pour toutes les familles.

Et le respect ? Ne se perd-il pas un peu dans les familles chrétiennes ? Ne gâtons-nous pas trop nos enfants , et les préparons-nous suffisamment aux aspérités de la vie ?

XIII

A côté de la famille naturelle, noyau de la société humaine et datant de six mille ans, se sont constituées d'autres familles, que nous appellerons, si l'on veut, des familles artificielles, mais édifiées sur le principe de la liberté d'association, qui est également de droit naturel et primordial. Ce sont les familles religieuses, écloses sous le souffle du christianisme, mais toutes vouées plus ou moins directement au service de la famille naturelle pour l'aider à accomplir sa mission. L'une s'est donnée pour tâche d'élever l'enfant que le père et la mère n'auraient pu constamment envelopper de soins intellectuels, moraux et même matériels satisfaisants. L'autre s'est consacrée au soulagement des mille souffrances qui, en atteignant le père, la mère ou l'enfant , interrompent la mission de ceux-là envers celui-ci. Une troisième garde depuis quinze siècles le dépôt de la science, qui sans elle aurait été étouffée sous les alluvions du temps et des révolutions , de la science aujourd'hui proclamée

souveraine du monde, mais de la science modeste
et croyante, et ainsi a-t-elle conservé le patrimoine
intellectuel des générations, qui ne lui ont pas toujours su gré de leur avoir appris à lire et de les
avoir dégrossies. Celles-ci maintiennent l'exemple
vivant de la pauvreté, en opposition au luxe qui
ruine les familles et à la cupidité qui les divise.
Celles-là travaillent à renouer le lien conjugal et à
faire rentrer dans l'ordre les fausses familles impro-
visées par la passion. Toutes, par la pureté de la
vie, présentent le contraste aux mœurs dissolues
par lesquelles périt la famille naturelle. Toutes
suppléent, dans la mesure du possible, et par la
charité, aux défectuosités diverses et aux infirmités
contre lesquelles peut avoir à se débattre la famille
naturelle. Toutes, en quelque façon, à un moment
donné, apportent secours à la famille naturelle.
Les familles religieuses sont les auxiliaires infatiga-
bles de la famille naturelle. Il n'existe peut-être
pas, dans la société française, une famille naturelle
qui, dans l'âme ou le corps de ses membres, n'ait
reçu aide des familles religieuses. Les familles
religieuses sont même plus que les auxiliaires de la
famille naturelle ; elles la suppléent souvent : que
d'enfants, que de vieillards, absolument abandonnés
de la famille naturelle, trouvent seulement ouvertes
pour eux les familles religieuses ! Que de crèches
en souvenir de Bethléem ! Que de lettrés tenant
rang dans la société ou vivant de la politique anti-

cléricale qui ont été élevés gratuitement par la charité des Congrégations! Et de ces vieux parents, usés par le travail, qui devraient être l'honneur et la joie du foyer des jeunes générations, combien sont obligés d'aller chercher les derniers soins dans la famille des Petites Sœurs des Pauvres ou dans celle des Frères de Saint-Jean de Dieu! Aussi des législateurs intelligents et des gouvernants honnêtes auraient-ils dû se montrer soucieux de respecter la liberté de ces familles auxiliaires, d'en favoriser le développement, d'encourager leur action.

C'est le contraire qui s'est produit. Les familles religieuses, quand elles ne sont pas brutalement frappées, vivent en France depuis un siècle à l'état de suspectes, et leur plus heureuse fortune est de jouir quelquefois d'une humiliante tolérance. Tantôt on leur défend de répartir la nourriture intellectuelle à l'enfant de la famille naturelle ; tantôt on lui interdit de prononcer devant cet enfant le nom de Dieu, fondateur de la famille. Enfin, il était réservé à nos gouvernants actuels de porter une énorme peine fiscale contre le dévouement, contre le don de soi-même pratiqué par ces admirables familles religieuses. On les livre au fisc comme des malfaiteurs au bourreau. Le fisc avait déjà mis ses ongles crochus sur elles ; le fisc percevait sur elles non seulement tous les impôts acquittés par les autres Français, mais encore un droit de mainmorte, équivalent assez arbitraire du droit de muta-

tion, et même un autre droit sur un revenu chi-
mérique. La confiscation déguisée du domaine des
pauvres, administré par les familles religieuses,
étant trop lente, le fisc a été chargé de prélever un
prétendu droit d'accroissement à la mort de chaque
membre de ces familles. Il n'y a aucun accroissement réel de bien à la mort, puisque les serviteurs
et servantes décédés des malheureux sont remplacés
par d'autres, puisque chaque détenteur ne reçoit
rien, ne possède véritablement rien, et puisque
l'œuvre de répartition aux pauvres se continue sans
relâche.

Eh bien, on n'a pas eu honte de faire dire par le
fisc aux Petites Sœurs des Pauvres : « Sœur X. est
morte de fatigue en revenant de quêter quelques
provisions pour vos pauvres pensionnaires ; cette
mort enrichit les Sœurs survivantes, et chacune de
vous doit, de ce fait, acquitter un droit spécial pour
cette augmentation de fortune. » Et aux Filles
de Saint-Vincent de Paul : « Dix de vos sœurs,
appelées par le gouvernement à soigner en Afrique
nos soldats atteints par les épidémies, sont tombées
au champs d'honneur. Eh bien, c'est un bénéfice
matériel pour vous, chaque sœur survivante s'est
enrichie par ces héroïques trépas, chaque sœur
doit payer un droit d'accroissement sur ces dix
cercueils. Total à verser : 18.000 francs. »

Est-il rien d'aussi monstrueux, et les Barbares
eux-mêmes envahissant un pays, chassant les pro-

priétaires, s'emparant de la maison et du champ des vaincus, ne sont-ils pas cent fois moins Barbares que les exacteurs qui agissent de la sorte en terre française, sous le règne de l'égalité devant la loi, et sous un régime qui est censé garantir la propriété des citoyens et des familles?

Le fisc a été ainsi invité à intenter deux ou trois mille procès à deux ou trois mille groupes de familles religieuses qui ne doivent absolument rien. Mais, même avec une magistrature très épurée, les procès sont encore un peu aléatoires; on a donc imaginé un expédient pour faire moins de bruit et atteindre le même but sans procès, expédient qui consiste à remplacer dans l'avenir, sans abandon de l'arriéré, le droit dit d'accroissement par un droit spécial de superfétation sur la valeur brute, arbitrairement présumée, des propriétés mobilières et immobilières des familles religieuses, droit fixé à 30 cent. p. o/o pour les congrégations autorisées, à 40 cent. p. o/o pour les congrégations non autorisées. Cela équivaut à dix pour cent d'un revenu fantastique, ou plutôt à dix pour cent, non des recettes mais des dépenses. C'est la confiscation hypocrite et certaine de ces familles religieuses, et l'on calcule déjà qu'en une dizaine d'années il ne resterait pas même à la plupart d'entres elles un toit et un grabat..... sans un morceau de pain. Voilà ce que vient de voter une Chambre française. Le vol sera consommé, non pas seulement contre tous les membres des familles religieuses des deux sexes, mais aussi et surtout contre trois ou quatre cent mille vieillards, enfants, orphelins, malades, infirmes des familles naturelles. Chaque coup porté à la famille religieuse frappe en même temps la famille naturelle, la famille la plus intéressante, celle du pauvre.

L'iniquité aura son contre-coup : le principe posé aujourd'hui contre une catégorie de familles pourra demain être logiquement invoqué contre les autres catégories; toutes sont menacées dans quelques-unes, et la menace est à bref délai, car les voleurs insatiables étendent la main à gauche quand il n'y pas plus rien à prendre à droite. Malheur à toutes les familles françaises, si ce brigandage peut s'accomplir!

On n'en est plus à la simple menace : il s'est trouvé un ministre des finances pour proposer la substitution de l'impôt progressif à l'impôt proportionnel dans le régime successoral. Et des députés vont encore plus loin. L'État, en cas d'absence de testament, s'approprierait les successions après le sixième degré de parenté. L'État prélèverait, aux cinquième et sixième degrés de parenté, qu'il y ait ou qu'il n'y ait pas testament, 20 p. o/o sur les grosses successions Ce 20 p. o/o représenterait, pour une grande propriété, le revenu de cinq années, et cinq prélèvements semblables aboutiraient à une confiscation de la totalité. On se rassurera peut-être en remarquant que les fortunes importantes seraient seules atteintes; mais une fois le principe accepté, le 20 p. o/o sera appliqué à des fortunes moyennes, puis aux petits biens ; ainsi le veut la logique. Or, perpétuez donc les familles sous des lois de confiscation de la propriété!

XIV

QUELLES conclusions pratiques tirer de la situation que nous venons d'exposer ? Que faire contre tant d'ennemis coalisés ? Comment restaurer les ruines accumulées, réparer des maux déjà invétérés, réagir contre la logique et préserver l'avenir? De plus habiles que nous seraient cruellement embarrassés.

Il faudrait d'abord, nous semble-t-il, ne pas s'endormir, regarder en face la réalité, se mettre en attitude virile, agir résolument en patriotes et en chrétiens pour défendre la famille.

Il faudrait faire rentrer Dieu dans la société et la famille et corriger les mœurs.

Il faudrait combattre sans relâche toutes les lois attentatoires aux droits et à la liberté de la famille, les lois de succession, les lois de spoliation fiscale, les lois d'éducation athée, les lois césariennes ou socialistes.

Il faudrait prendre corps à corps la Franc-Maçonnerie.

Il faudrait, dans un pays centralisé comme le nôtre
et où toute impulsion vient d'en haut, établir un
gouvernement réparateur et réformateur.

Il faudrait... mais nous sommes une voix dans
le désert. Ce noble pays de France n'est plus mené
que par la peur, et la peur le saisit seulement le
jour des catastrophes, non l'avant-veille, ni même
la veille.

Il existait dans une petite ville d'Orient, depuis
treize siècles, une maison très modeste, très exigue,
qui abrita la divinité voilée et l'humanité la plus
pure, une maison où a vécu la famille incomparable,
la famille la plus parfaite qu'ait pu contempler le
ciel, une maison dont le foyer a illuminé le monde.
Les fondements subsistent toujours, mais les quatre
murs augustes ont été transportés par les anges,
affirme l'histoire, dans notre Occident, et l'on célé-
brait, il y a quelques mois, le sixième centenaire
de cette merveilleuse translation. Hélas ! un prodige
presque égal serait nécesaire pour sauver de la pro-
fanation et de la destruction le foyer chrétien et
pour replacer la famille française sur ses antiques
fondements.

Marseille, en Mars 1895.

Nîmes. — Imp. LAFARE frères, place de la Couronne, 1

Documents manquants (pages, cahiers...)
NF Z 43-120-13